Vente du Mardi 14 Février 1911

HOTEL DROUOT — SALLE N° 7

N° 91 du Catalogue.

ŒUVRES LITHOGRAPHIÉES

DE

HONORÉ DAUMIER

ET DE

H. DE TOULOUSE-LAUTREC

Mᵉ ANDRÉ DESVOUGES   M. LOYS DELTEIL

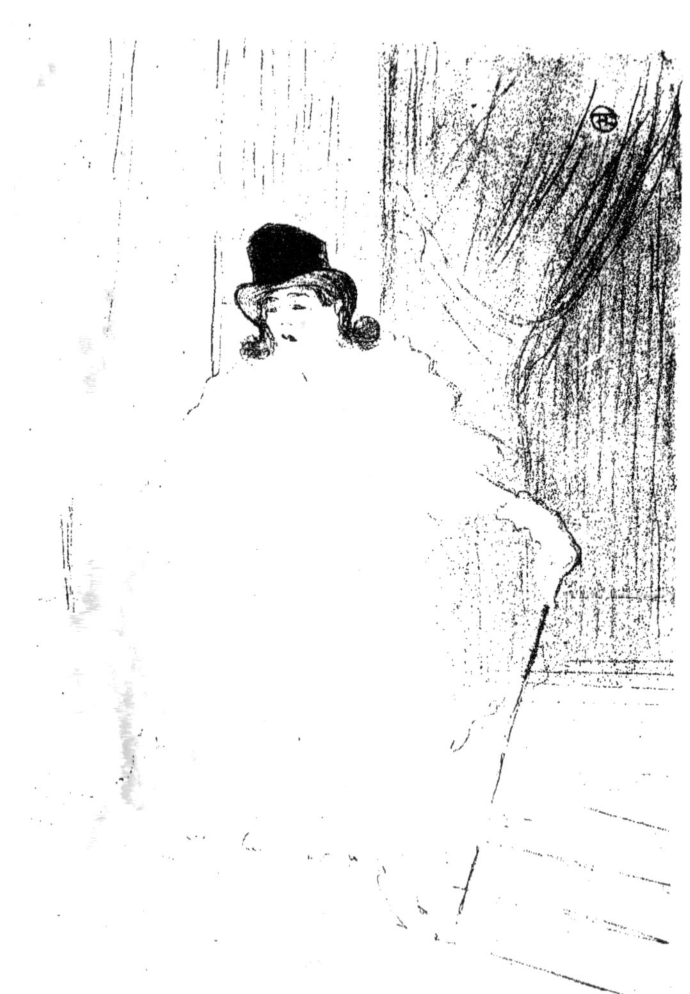

Nᵒ 156 du Catalogue.

FRAZIER-SOYE, GRAV.-IMP., PARIS.

CATALOGUE

DES

ŒUVRES LITHOGRAPHIÉES

DE

HONORÉ DAUMIER

ET DE

H. DE TOULOUSE-LAUTREC

———

Dont la vente aura lieu

à Paris, HOTEL DROUOT, Salle N° 7

Le Mardi 14 Février 1911

à 2 heures précises

———

Par le Ministère de Me ANDRÉ DESVOUGES,

COMMISSAIRE-PRISEUR

26, Rue de la Grange-Batelière

Assisté de M. LOYS DELTEIL, Artiste-Graveur, Expert

2, Rue des Beaux-Arts

CONDITIONS DE LA VENTE

Elle sera faite au comptant.

Les adjudicataires paieront *dix pour cent* en sus des enchères.

M. Loys Delteil remplira les commissions que voudront bien lui confier les amateurs ne pouvant y assister.

MM. les amateurs pourront visiter la collection, **2, *rue des Beaux-Arts*,** du Mardi 7 au Lundi 13 Février 1911 *(le Dimanche excepté)*, de 2 heures à 5 heures.

Le Peintre-Graveur Illustré

(XIXᵉ & XXᵉ SIÈCLES)

par LOYS DELTEIL

OUVRAGE HONORÉ D'UNE SOUSCRIPTION DU MINISTÈRE DE L'INSTRUCTION PUBLIQUE
ET DES BEAUX-ARTS

VIENT DE PARAITRE :

TOME VI consacré à

RUDE, BARYE, CARPEAUX et RODIN

contenant la biographie des Maîtres,

et le

Catalogue raisonné de leur œuvre gravé et lithographié

avec la reproduction

de toutes les planches décrites.

I volume in-4°, orné des portraits de RUDE, de BARYE,
de CARPEAUX, de RODIN, et de 50 *fac-simile.*

Tirage :

40 exemplaires de luxe, sur japon. . . . 40 francs
350 — . . . . 16 —

*A partir du 15 mars prochain, les exemplaires sur japon
seront portés à 50 francs et les exemplaires ordinaires à 20 fr.*

DAUMIER (Honoré)

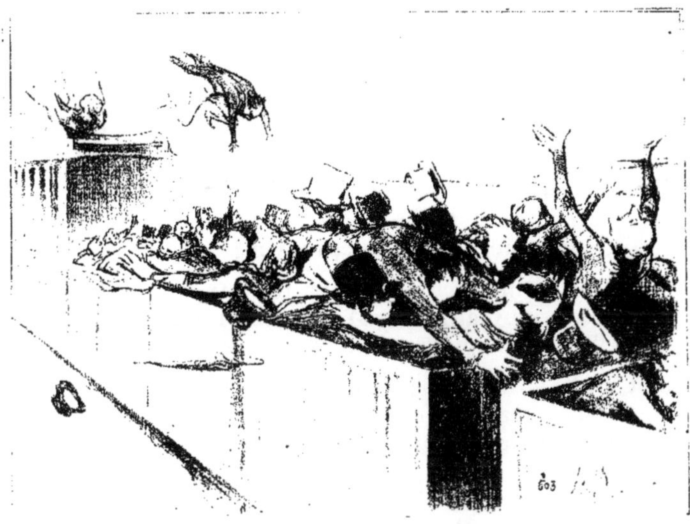

N° 54 du Catalogue.

DÉSIGNATION

1. Bustes de la Caricature : Dupin — Soult. (Hazard
   et Loys Delteil 62 et 178). Deux pièces. Belles
   épreuves.

2. Odry, rôle de Carmagnole (140 R) — Pauvres
   moutons... (217-1ᵉʳ état) — Nous n'avons pas la
   croix, nous (220 RR). Trois pièces, *coloriées*.

3. Le Patrouillotisme chassant le patriotisme du Palais-Royal (209 R). Très belle épreuve du 2ᵉ état (sur 3), *coloriée*.

4. Le Juste milieu va bien... (219 RR) Très belle épreuve en noir (très rare).

5. Ksssse! Pedro... (255) — Ah! tu veux te frotter à la presse (259) — Le Maréchal Mortier... (289). Trois pièces. Belles épreuves (une sur chine).

6. Yeux noirs... (264) — La tête branlante (275) — Petits! petits! (282) — Voilà la Guerre!... (291). Quatre pièces. Belles épreuves.

7. Mᵐᵉ Etienne-Joconde-Constitutionnel... (263) — Moderne Galilée (278) — Marie-Louise... Pairie (285). Trois pièces. Belles épreuves.

8. Celui-là, on peut le mettre en liberté... (270) — Vous avez la parole... (201) — Le Fantôme (300). Trois pièces. Bonnes épreuves.

9. Le Ventre législatif (306). Très belle épreuve.

10. Ne vous y frottez pas! (308). Belle épreuve.

11. Rue Transnonain (310). Très belle épreuve.

12. Poids et Mesures (311). 1ᵉʳ état, *non décrit, avant la lettre*.

13. Origine des Bédouins, à Paris (323), 1ᵉʳ état, *non décrit, avant la lettre*.

14. L'Eau du puits de Grenelle (324), 1ᵉʳ état, *non décrit, avant toute lettre*.

15. L'Annonce et la Réclame, 2 pl. (325-326), complet — Proverbes de Famille, 2 pl. (368-369), complet. Quatre pièces. Belles épreuves.

16. L'Odorat (331), 1ᵉʳ état, *non décrit, avant la lettre*.

16 *bis*. Les Cinq Sens (331-335). Suite complète de 5 pl. Belles épreuves.

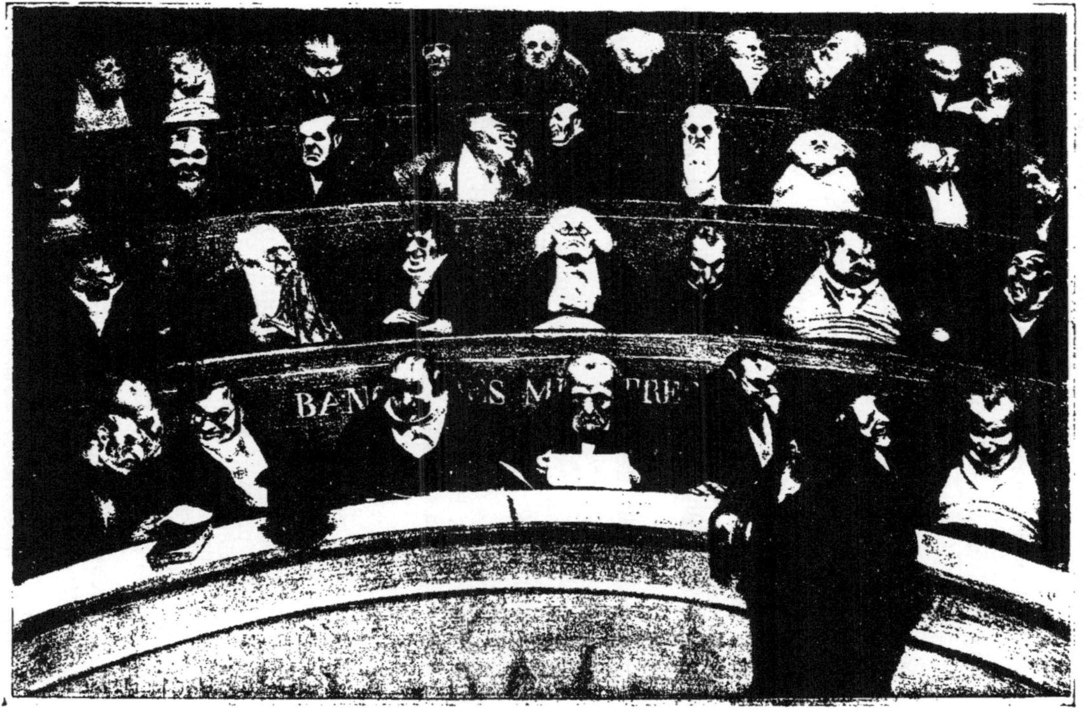

Nº 9 du Catalogue.

17. Les Envies de Madame (346), 1er état, *avant la lettre*.

18. Je l'aurais parié... (347), 1er état, *avant la lettre*.

19. Ton, ton, ton... (351), 1er état, *non décrit, avant la lettre*.

20. Allons! mon jeune ami... (381), 1er état, *non décrit, avant la lettre*.

21. Inconvénient de rêver tout haut (411). 1er état, *avant la lettre*.

22. Le Bourgeois au Salon (413). 1er état, *avant la lettre*.

23. Un Souvenir de jeunesse (414), 1er état, *non décrit, avant la lettre*.

24. Les Plaisirs de la pêche (415). 1er état, *non décrit, avant la lettre*.

25. L'Entrée du grand tunnel d'un chemin de fer (438), 1er état, *non décrit, avant la lettre*.

26. Gros, gras et... Constitutionnel (441). Très belle épreuve. Rare.

27. La Cour rend des services... (455). Très belle épreuve. Rare.

28. Certains avocats officieux (456). Très belle épreuve. Rare.

29. La famille d'Arg... pendant l'orage (566). Très belle épreuve. Rare.

30. Un nouveau nez (567). Très belle épreuve. Rare.

31. La Loge. Pièce non décrite. Superbe épreuve, *seule connue*.

32. Avocats et plaideurs, pl. 3 (625), 1er état, *avant la lettre*.

33. Avocats et plaideurs, pl. 4 (626), 1er état, *avant la lettre*.

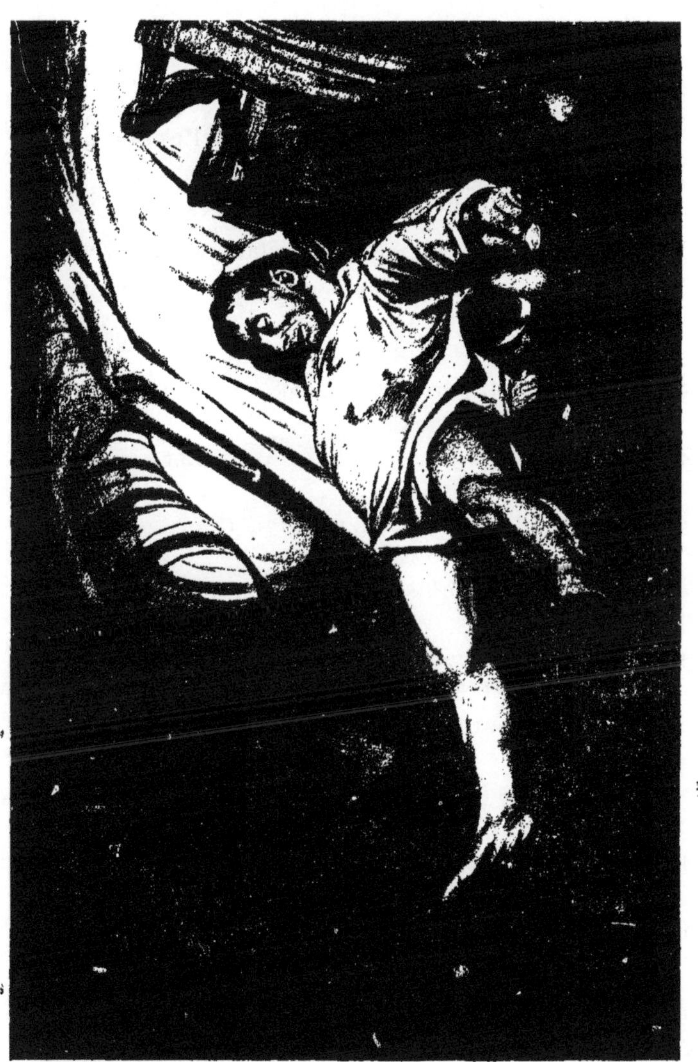

N° 11 du Catalogue.

34. Les Baigneurs, pl. 19 (646), 1ᵉʳ état, *avant la lettre*.

35. Les Bohémiens de Paris, pl. 23 (847), 1ᵉʳ état, *non décrit, avant la lettre*.

36. Les Baigneurs (627 et suiv.), pl. 2 à 4, 6, 11, 13, 15, 19, 22, 24, 26, 28 et 29, soit 13 pl. Belles épreuves.

37. Les Baigneurs, pl. 2 à 4, 8 à 10, 12, 13, 16 et 17 à 28, soit 21 planches. Belles épreuves.

38. Les Baigneuses, pl. 5 (660), 1ᵉʳ état, *avant la lettre*.

39. Bohémiens de Paris (826 et suiv.), pl. 2, 6, 8 à 12, 15, 16, 18, 20, 23 à 25, soit 14 pièces. Très belles épreuves.

40. Les Bons bourgeois, pl. 55 (908), 1ᵉʳ état, *avant la lettre*.

41. Les Bons bourgeois, pl. 63 (916), 1ᵉʳ état, *avant la lettre*.

42. Les Bons bourgeois, pl. 64 (917), 1ᵉʳ état, *avant la lettre*.

43. Les Bons bourgeois, pl. 66 (919), 1ᵉʳ état, *avant la lettre*.

44. Les Bons bourgeois, pl. 76 (929), 1ᵉʳ état, *non décrit, avant la lettre*.

45. Les Bons bourgeois, pl. 79 (932), 1ᵉʳ état, *avant la lettre*.

46. Confidences (936), pièce inédite. *Seconde épreuve connue*.

47. Les Bons bourgeois, pl. 33, 34, 36, 65, 69 et 75, soit 6 pièces. Belles épreuves.

48. Les Canotiers parisiens (969 et suiv.). Suite complète de vingt pl. (les pl. 1 et 20 sont avec le texte au verso). Belles épreuves, en un alb. in-4° cart.

49. Les Canotiers parisiens, pl. 10 à 18, soit 9 pièces. Belles épreuves.

50. Caricaturana (Robert Macaire) (989-1090). Suite
complète de 100 planches *coloriées* en 1 vol.
in-4°, cart. Bel exemplaire.

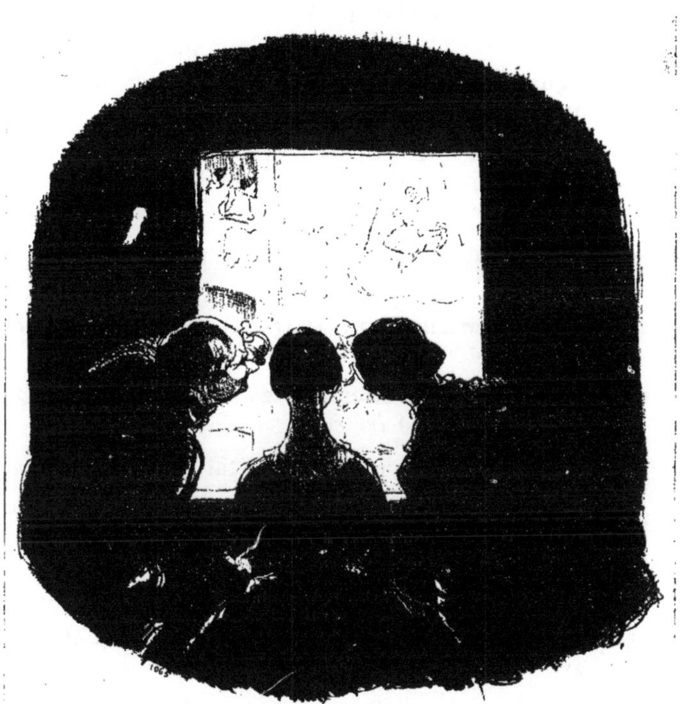

N° 31 du Catalogue

51. La Chasse, pl. 12 (1135), 1ᵉʳ état.. *avant la lettre*.

52. Les Chemins de fer, pl. 5 (1140), 1ᵉʳ état. *avant la
lettre*.

53. Les Chemins de fer, pl. 7 (1142), 1ᵉʳ état. *avant la
lettre*.

54. Les Chemins de fer, pl. 9 (1144), 1er état, *avant la lettre*.

55. Les Chemins de fer, pl. 10 (1145), 1er état, *avant la lettre*.

56. Les Chemins de fer, pl. 11 (1146), 1er état, *avant la lettre*.

57. Coquetterie, pl. 4, 7, 9 et 10 (1191 et suiv.). Quatre pièces. Belles épreuves.

58. Croquis d'expressions, pl. 2, 5, 6, 15, 21, 23, 25, 29, 31, 32, 39, 40, 49 (1358 et suiv.), soit 12 pièces. Belles épreuves, *coloriées*.

59. Croquis parisiens, pl. 10 (1463), 1er état, *avant la lettre*.

60. Croquis Parisiens, pl. 41 (1537), 1er état, *avant la lettre et avant les filets d'enc*.

61. Emotions Parisiennes, pl. 27 (1656), 1er état, *non décrit, avant la lettre*.

62. Enfantillages, pl. 1 (1702), 1er état, *avant la lettre*.

63. Enfantillages, pl. 2 (1703), 1er état, *avant la lettre*.

64. Emotions parisiennes (1630-1673). Suite complète de 50 pl. Belles épreuves.

65. Gens de Justice, pl. 4 (1851), 1er état, *non décrit*, avant la lettre.

66. Gens de justice (1848 et suiv.). Suite de trente-neuf pièces, incomplète des pl. 37, 38 et 39 (les pl. 13 et 14 sont avec le texte au verso). Belles épreuves en un alb. in-4° cart.

67. Les Habitués de cafés (1890), 1er état, *avant la lettre*.

68. Histoire ancienne, pl. 4 et 14 (1904, 1914), 1er état, *avant la lettre*. Deux pièces.

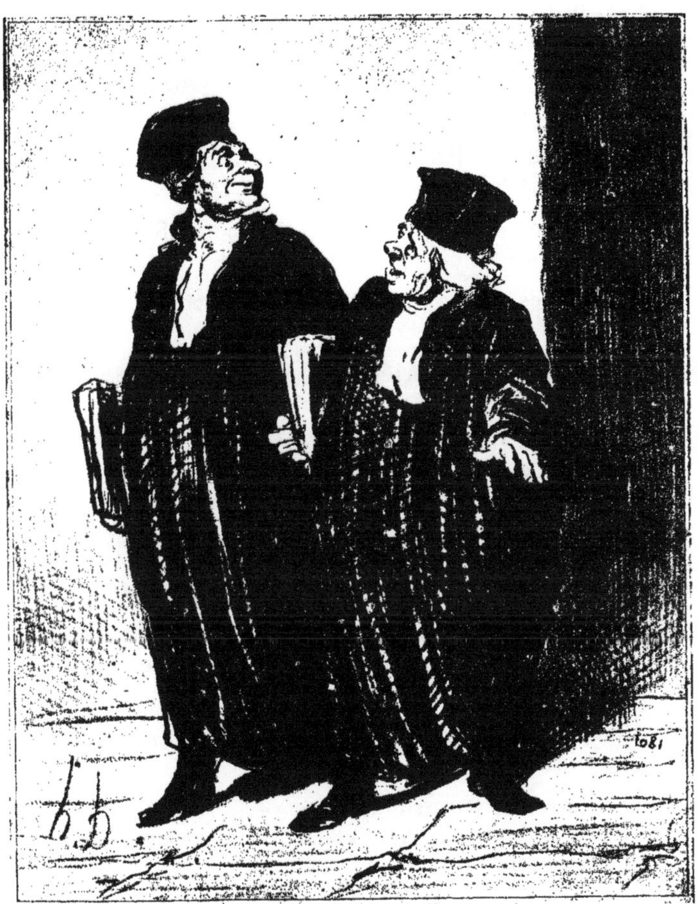

N° 32 du Catalogue.

69. La Journée du Célibataire (1998 et suiv.), pl. 1, 2, 4, 6 à 8, 12, soit sept pièces. Belles épreuves, *coloriées*.

70. Locataires et Propriétaires, pl. 15 (2024), 1ᵉʳ état, *non décrit, avant la lettre*.

71. Locataires et Propriétaires, pl. 18 (2027), 1ᵉʳ état, *avant la lettre*.

72. Locataires et Propriétaires, pl. 19 (2028), 1ᵉʳ état, *avant la lettre*.

73. Locataires et Propriétaires, pl. 20 (2029), 1ᵉʳ état. *avant la lettre*.

74. Locataires et Propriétaires, pl. 21 (2030), 1ᵉᵉ état, *avant la lettre*.

75. Locataires et Propriétaires, pl. 22 (2031), 1ᵉʳ état, *avant la lettre*.

76. Locataires et Propriétaires, pl. 23 (2032), 1ᵉʳ état, *avant la lettre*.

77. L'Oubli de la consigne (2042 RRR), pièce *inédite, seconde épreuve connue*.

78. Le Jardin sur la terrasse (2043 RRR), pièce inédite, *seconde épreuve connue*.

79. Mœurs conjugales, pl. 46 (2107), 1ᵉʳ état, *non décrit, avant la lettre*.

80. Locataires et Propriétaires, 1ʳᵉ série (2010 et suiv.), pl. 5, 12 à 17, 19 à 22, 24 à 29, soit dix-sept pièces. Belles épreuves.

81. Mœurs conjugales, pl. 51 (2110), 1ᵉʳ état, *non décrit, avant la lettre*.

82. La même estampe en même état.

83. Mœurs conjugales, pl. 52 (2111), 1ᵉʳ état, *avant la lettre*.

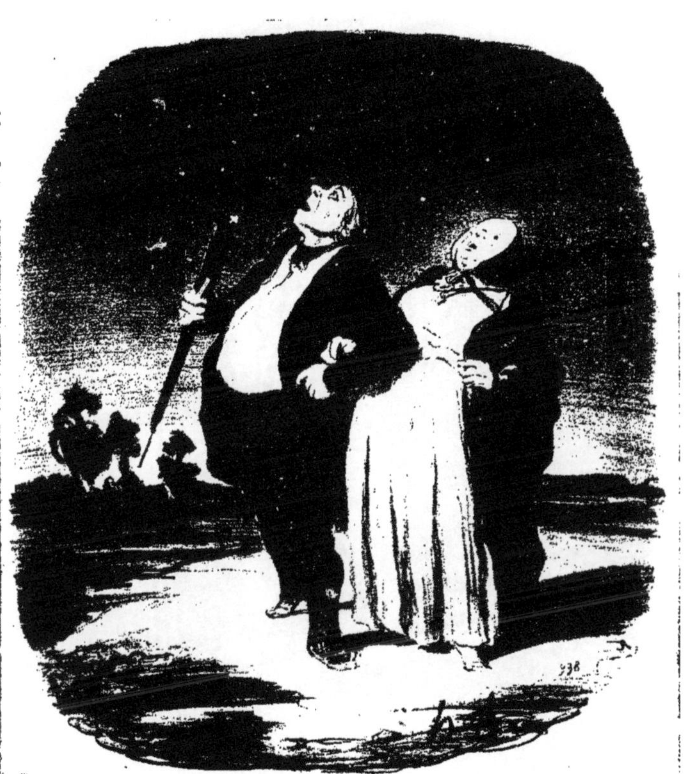

N° 40 du Catalogue.

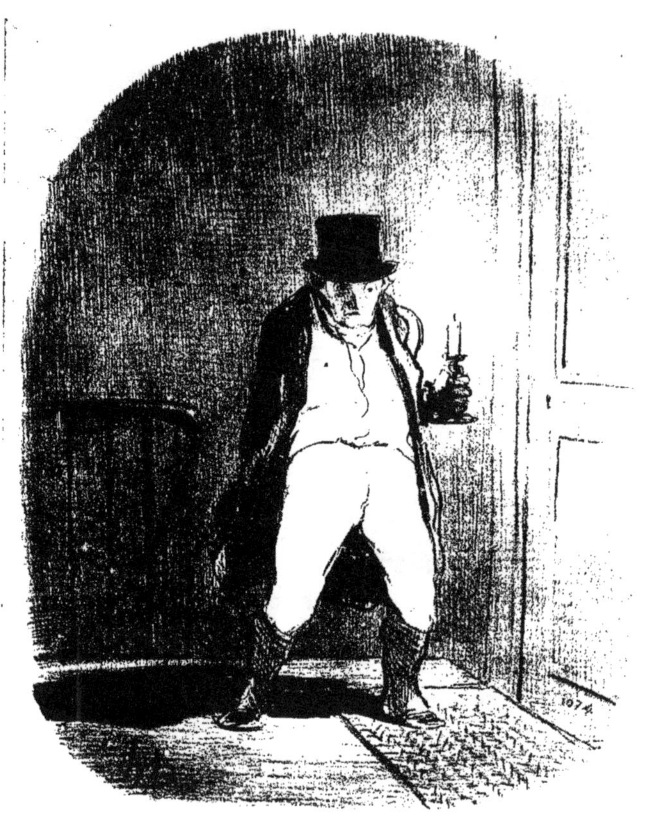

N° 44 du Catalogue.

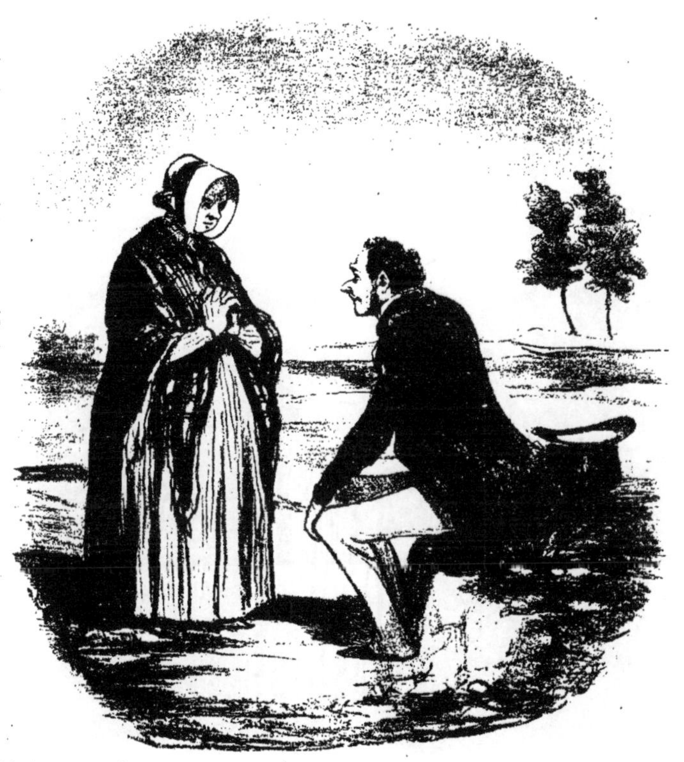

Nº 46 du Catalogue.

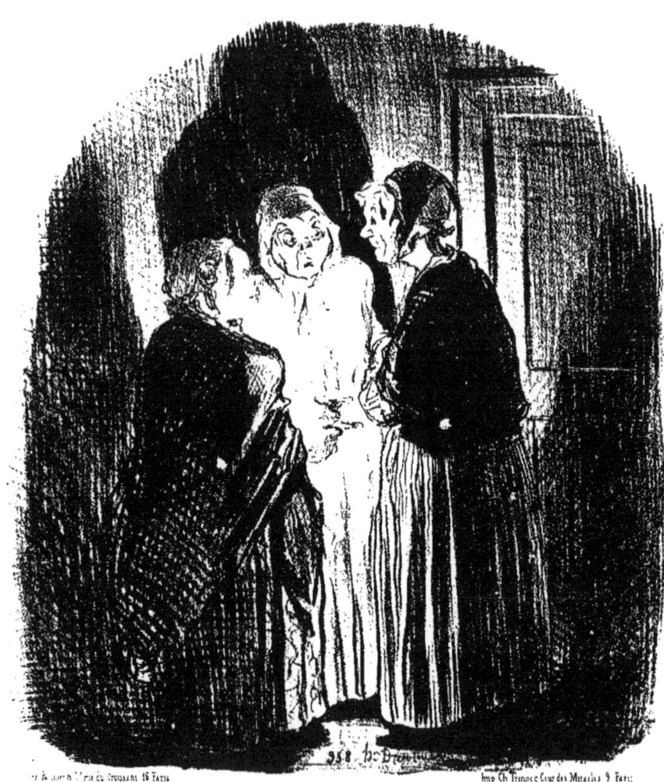

No 126 du Catalogue.

84. Mœurs conjugales (2069 et suiv.). Suite complète
de 60 planches. Belles épreuves en 1 album in 4°,
cart. (Les pl. 35, 50 et 60 sont doubles, *coloriées*).

85. Mœurs conjugales, pl. 11, 23, 30, 31, 34, 36, 37, 46,
48, 51 et 52, soit 11 pièces. Belles épreuves.

86. Mœurs conjugales, pl. 1 à 5, 7, 8, 10, 25, 28, 31
et 32, soit 12 pièces. Belles épreuves, *coloriées*.

87. Les Papas, pl. 13 (2155), 1ᵉʳ état *avant la lettre*.

88. Une Promenade à la campagne, pl. inédite
(2166 RRR). Seconde épreuve connue.

89. Les Papas, pl. 1 à 6, 8 à 19 et 22 (2143 et suiv.), soit
19 pièces. Belles épreuves.

90. Pastorales, pl. 8 (2223), 1ᵉʳ état, *avant la lettre* et
avant le mot : Constitutionnel.

91. Pastorales, pl. 40 (2255), 1ᵉʳ état, *avant la lettre*.

92. Pastorales, pl. 42 (2257), 1ᵉʳ état, *avant la lettre*.

93. Pastorales (2216 et suiv.), pl. 8, 27 à 29, 31 à 34, 37,
38, 40 à 42, 44 à 47, 49 et 50, soit 19 pièces.

94. Physionomies du Palais de Justice (2348), 1ᵉʳ état,
avant la lettre.

95. Physionomies tragico-classiques, pl. 3, 5, 6, 8 à 15
(363, 2353 et suiv.), soit onze pl. en 1ᵉʳ état, *avant
la lettre*.

96. Physionomies tragico-classiques, pl. 3, 4, 9, 11,
13 à 15 — Physionomies tragiques, pl. 1, 4, 5, 7, 8.
Douze pièces. Belles épreuves (5 *coloriées*).

97. Les Plaisirs des Champs-Elysées (2398 et suiv.),
3 pl. complet — Les Saltimbanques (373-374).
2 pl. compl. Soit cinq pièces. Belles épreuves.

98. Professeurs et Moutards, pl. 15 (2427). 1ᵉʳ état, *non
décrit, avant la lettre*.

99. Quand on a du guignon, pl. 6 (2478), 1ᵉʳ état,
avant la lettre.

100. Quand on a du guignon, pl. 7 (2479), 1er état, *avant la lettre*.

101. Robert Macaire, 2e série, pl. 13 (2507), 1er état, *non décrit, avant la lettre.*

102. Robert Macaire, pl. 14 (2508), 1er état, *non décrit, avant la lettre.*

103. Robert Macaire, pl. 19 (2512), 1er état, *non décrit, avant la lettre.*

104. Le Public du Salon (2462 et suiv.), 8 pl. sur 10. Belles épreuves en un alb. in-4° cart.

105. Robert Macaire, 2e série (2496 et suiv.), pl, 3, 9, 11 à 13, 15, 17 à 20, soit 10 pièces. Belles épreuves.

106. Tout ce qu'on voudra, pl. 2 (2587), 1er état, *avant la lettre*.

107. Tout ce qu'on voudra, pl. 4 (2589), 1er état, *avant la lettre*.

108. Tout ce qu'on voudra, pl. 6 (2591), 1er état, *avant la lettre*.

109. Tout ce qu'on voudra, pl. 7 (2592), 1er état, *avant la lettre*.

110. Tout ce qu'on voudra, pl. 12 (2597), 1er état, *avant la lettre*.

111. Tout ce qu'on voudra, pl. 13 (2598), 1er état, *avant la lettre*.

112. Tout ce qu'on voudra, pl. 14 (2599), 1er état, *avant la lettre*.

113. La même estampe, en même état.

114. Tout ce qu'on voudra, pl. 15 (2600), 1er état, *avant la lettre*.

115. Tout ce qu'on voudra, pl. 16 (2601), 1er état, *avant la lettre*.

116. Tout ce qu'on voudra, pl. 18 (2603), 1er état, *avant la lettre*.

117. Tout ce qu'on voudra, pl. 48 (2633), 1er état, *avant la lettre.*

118. Tout ce qu'on voudra, pl. 49 (2634), 1er état, *avant la lettre.*

119. Tout ce qu'on voudra, 2e série (2662), 1er état, *avant la lettre.*

120. Tout ce qu'on voudra (2674), 1er état, *avant la lettre.*

121. Tout ce qu'on voudra (2586 et suiv.), pl. 19 à 21, 30, 33, 34, 38, 50, 55, 56 et 58, soit 11 pièces. Belles épreuves.

122. Types parisiens (393 et suiv., 2710 et suiv.), pl. 14, 21, 24, 26, 28 à 30, 40, 41, 47. Onze pièces. Belles épreuves, *2 coloriées,* une sans marge.

123. Vulgarités, pl. 2 (2752), *1er état, avant la lettre.*

124. Actualités, pl. 8, 1849 (2771), 1er état, *avant la lettre.*

125. Page d'Histoire (3428), 1er état, *avant la lettre.*

126. Actualités, pl. 278 (3549). Belle épreuve.

127. Actualités, 24 pièces. Très belles épreuves.

128. Les Agréments des chemins de fer, pl. 2 — Actualités, pl. 66 et 71 — Aux bains de mer, pl. 7 — Bohémiens de Paris, pl. 5 et 20 — Émotions parisiennes, pl. 17 et 40 — Émotions de chasse, pl. 7 — Mœurs conjugales, pl. 8 — Pastorales, pl. 14. Onze pièces. Belles épreuves.

129. Les Alarmistes et les Alarmés, pl. 1 — Les Baigneuses, pl. 4, 14 et 15 — Les Bas-bleus, pl. 5, 15 et 19 — La Chasse, pl. 7 à 9, soit 10 pièces. Belles épreuves (*3 coloriées*).

130. Les Baigneuses — Coquetterie — Monomanes — Types Parisiens, etc., 15 pl. Belles épreuves, *coloriées.*

131. Bohémiens de Paris, pl. 15 — Chapitre des interprétations, pl. 8 — Les Chemins de fer, pl. 15 — Cours d'Histoire naturelle, pl. 2 — Les Musiciens de Paris, pl. 4 — Les Parisiens, pl. 1 — Les Philantropes du Jour, pl. 6 et 18 — Proverbes et ximes, pl. 6 — Revue caricaturale, pl. 37 et 48 Scènes parlementaires, pl. 7 — Types Français, pl. 1 — Vulgarités, pl. 2. Quatorze pièces. Belles épreuves.

132. Croquis d'Été, Mœurs conjugales, Caricaturana, Gens de Justice, etc. Dix-sept pièces. Belles épreuves.

133. Recueil de 108 caricatures par Daumier (la Pêche, pl. 1 à 6, Mœurs conjugales, pl. 4, Monomanes, Types parisiens, Proverbes de familles, 2 pl., etc., soit 23 pl.), Gavarni (42 pl.), etc., en 1 vol. in-4° cart.

134. Essai d'eau-forte sur un cuivre, fait le 29 mai 1872, chez Ch. de Bériot, et auxquels collaborèrent Harpignies, Rops et Taiée. Très belle épreuve sur Chine.

LAUTREC (H. de Toulouse)

135. Antoine et Mme Henriot, dans l'*Inquiétude*. Très belle épreuve, *timbrée* et *numérotée*.

136. Miss May Belford. Très belle épreuve, *signée* et *numérotée*.

137. Miss May Belford tenant un chat. Très belle épreuve.

138. Miss May Belford au *Irish and American Bar* (Rue Royale). Très belle épreuve, *timbrée*.

139. Sarah Bernhardt dans *Phèdre*. Très belle épreuve *timbrée* et *numérotée*.

140. Brasseur dans Chilpéric. Très belle épreuve, *timbrée* et *numérotée*.

141. Guy et Mealy, dans *Paris qui marche*. Très belle épreuve, *signée, numérotée* et *timbrée*.

142. Anna Held et Baldy dans une Revue. Très belle épreuve, *timbrée* et *numérotée*.

143. Judic ou l'essai du corset. Très belle épreuve, *timbrée* et *numérotée*.

144. Lender en buste. Très belle épreuve *imp. en couleurs, timbrée* et *numérotée*.

145. Lender en buste, de trois quarts. Très belle épreuve *tirée en sanguine*, sur papier bleu, *signée* et *numérotée*.

146. Lender de face, très belle épreuve, *timbrée* et *numérotée*.

147. Lender de dos. Très belle épreuve, *timbrée* et *numérotée*.

148. Lender assise. Belle épreuve.

149. Lender dansant le boléro. Très belle épreuve.

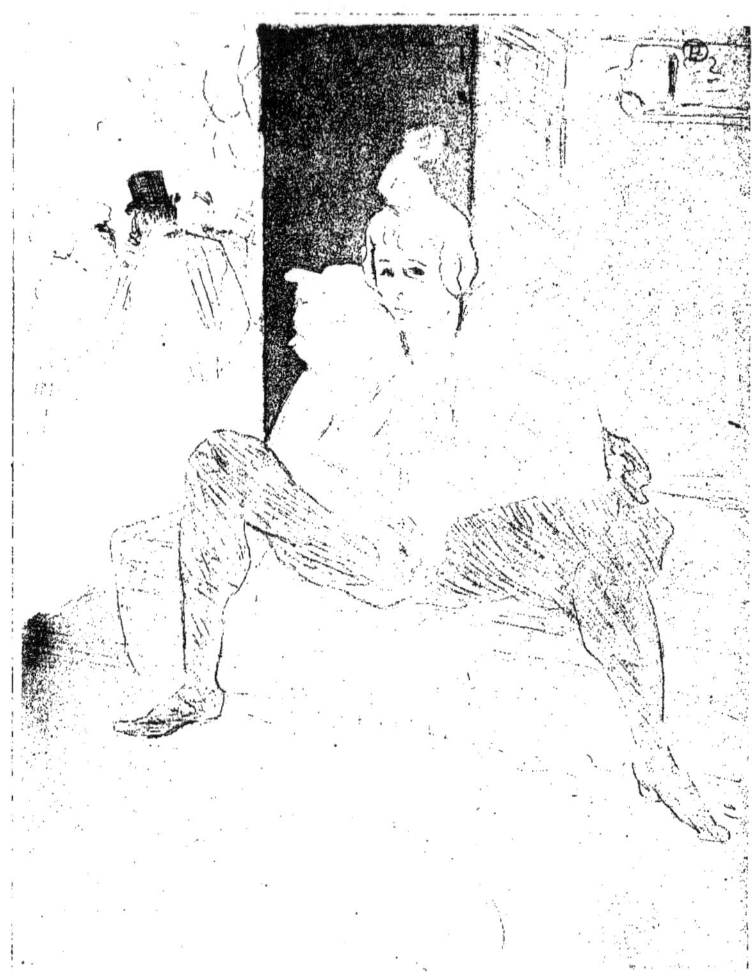

Nº 174 du Catalogue.

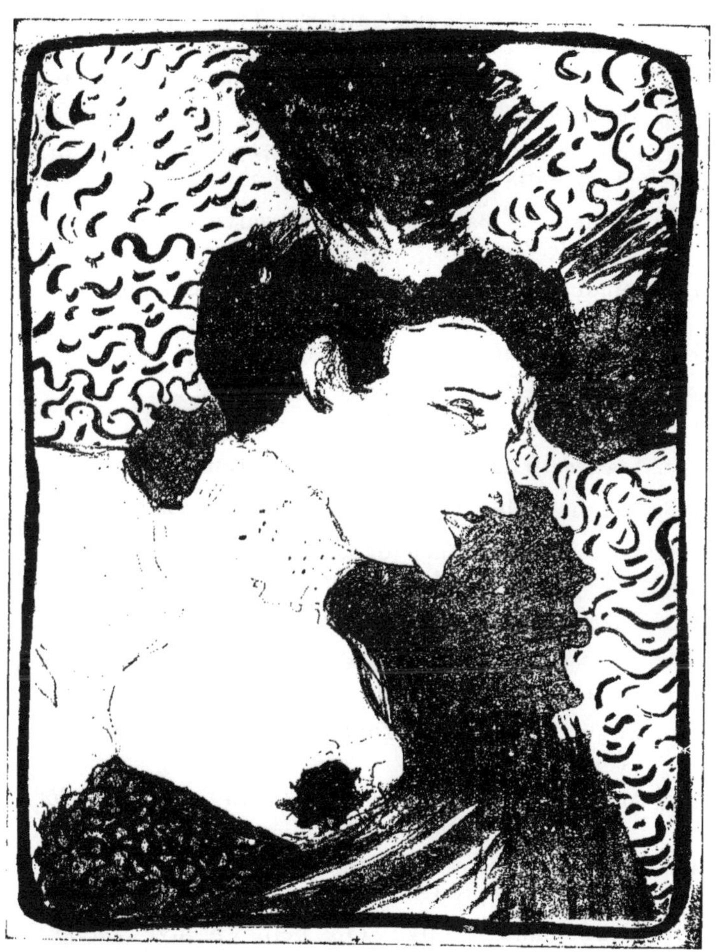

N° 144 du Catalogue.

150. Lender saluant, dans Chilpéric. Très belle épreuve *timbrée* et *numérotée*.

151. Lender debout, en costume de ville. Très belle épreuve.

152. Lender et Auguez dans la *Chanson de Fortunio*. Très belle épreuve.

153. Lender et Baron. Belle épreuve, *timbrée* et *numérotée*.

154. Lender et Brasseur. Très belle épreuve *signée* et *numérotée*.

155. Lender et Brasseur, dans Mme *Satan*. Très belle épreuve *timbrée* et *numérotée*.

156. Cécy Loftus. Très belle épreuve sur chine.

157. Ida Heath dansant. Très belle épreuve.

158. La Loïe Fuller. Très belle épreuve *imp. en couleurs*.

159. Luce Myrès, de face (dans la Périchole). Très belle épreuve, *timbrée* et *numérotée*.

160. Luce Myrès, de profil. Très belle épreuve, tirée en ton verdâtre, *timbrée* et *numérotée*.

161. Nicolle. Très belle épreuve, *timbrée*.

162. Lugné Poe dans l'*Image*. Très belle épreuve, *timbrée*.

163. Mme Simon-Girard, Brasseur et Guy, dans la *Belle Hélène*. Très belle épreuve.

164. Truffier et Moreno, dans les *Femmes savantes*. Très belle épreuve, *timbrée*.

165. Yahne dans sa Loge. Très belle épreuve *timbrée* et *numérotée*.

166. Yahne et Antoine, dans l'*Age difficile*. Très belle épreuve.

167. Yahne et Meyer, dans l'*Age difficile*. Très belle épreuve.

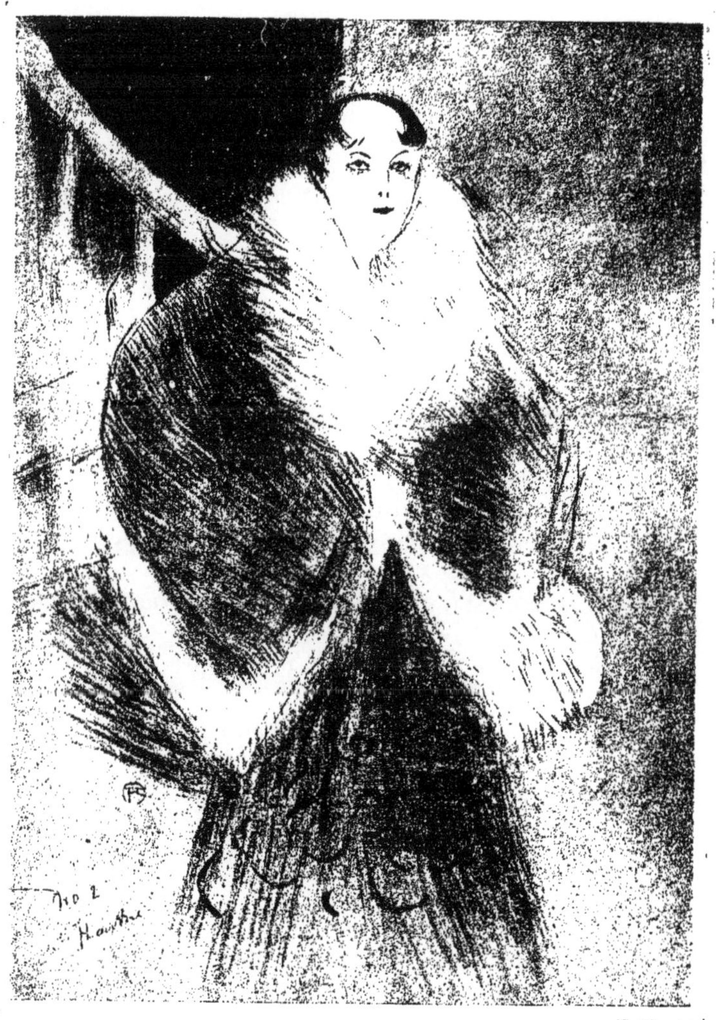

N° 170 du Catalogue.

168. Yvette Guilbert. Très belle épreuve, *timbrée* et
numérotée.

169. Le Lithographe (Alfred Albert). Très belle épreuve,
signée et *numérotée*.

170. Viennoise (Mlle Elsa, dite la). Superbe épreuve
imp. en couleurs, signée, timbrée et *numérotée*
(tirée à 17 épreuves).

171. La Petite Loge (en largeur). Très belle épreuve *imp.
en couleurs, signée*, et *numérotée* (tirée à 12 épreuves).

172. La Valse au Moulin-Rouge. Très belle épreuve
imp. en couleurs, signée, numérotée et *timbrée*
(tirée à 10 épreuves) (petite épidermure).

173. Elles. Couverture et titre (bon à tirer). Deux pièces. Très belles épreuves, *une imp. en couleurs*.

174. La Clownesse assise (Mlle Cha-U-Ka-O). Très belle
épreuve tirée en noir. De toute rareté, sinon uni-
que.

175. La même estampe. Superbe épreuve *imp. en couleurs, bon à tirer, signée*.

176. La Glace à main. Très belle épreuve *tirée en
2 tons, bon à tirer, signée*.

177. Femme se peignant. Très belle épreuve d'essai,
tirée en ton brun sur teinte, signée.

178. Le petit Déjeuner. Très belle épreuve, *bon à tirer,
imp. en sanguine, signée*.

179. Le Tub. Superbe épreuve *d'essai, imp. en couleurs,
signée*.

180. Le Repos. Superbe épreuve, *bon à tirer, signée*.

181. Lassitude. Superbe épreuve, tirée en sanguine sur
teinte, *bon à tirer, signée*.

182. Conquête de passage. Très belle épreuve *imp. en
couleurs, bon à tirer, signée*.

183. La Toilette. Très belle épreuve, tirée en 2 tons,
bon à tirer, signée.

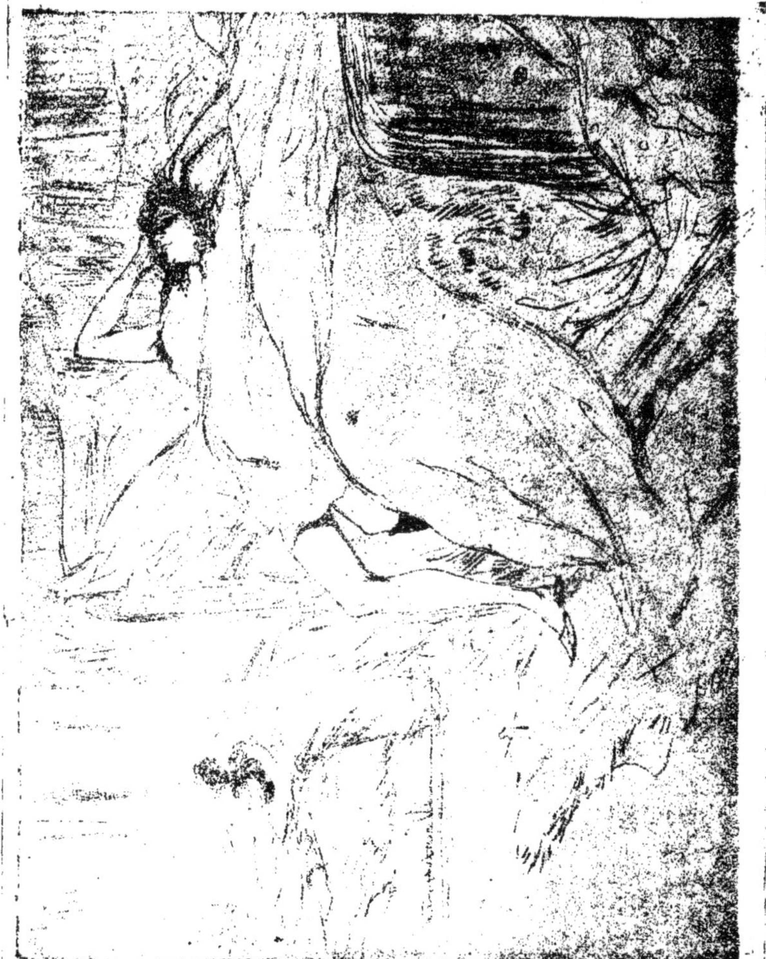

N° 181 du Catalogue.

184. La même pièce. Très rare épreuve *d'essai, tirée en sanguine*.

185. Conversation. Superbe épreuve *imp. en couleurs, bon à tirer, signée*.

186. Le Tonneau (ou la Charrette anglaise). Très belle épreuve *imp. en couleurs, signée* et *numérotée*.

187. Adolphe ou le Jeune Homme triste. Très belle épreuve d'état, sur japon.

188. A l'American Bar. Très belle épreuve.

189. A la Brasserie. Très belle épreuve, *signée*, *timbrée* et *numérotée*.

190. A la Souris (Montmartre) : Mme Palmyre. Très belle épreuve sur chine, *signée* et *numérotée*.

191. Au Restaurant. Très belle épreuve. Très rare.

192. Au Bois : Amazone et tonneau. Très belle épreuve.

193. Au Star (Le Hâvre) : Chanteuse de café-concert. Très belle épreuve sur japon.

194. Au Théâtre (The Ault Wiborg C°). Très belle épreuve *imp. en couleurs*.

195. Aux Courses : le Galop final. Très belle épreuve *imp. en couleurs*.

196. La même estampe, en noir. Très belle épreuve.

197. Chanteuse légère. Très belle épreuve.

198. Entraîneur surveillant la promenade de 3 chevaux. Très belle épreuve, *tirée en ton bleuté*.

199. Femme au lit, jouant avec son chien. Très belle épreuve.

200. Five o'clock ou Souper à Londres. Belle épreuve, *signée* et *numérotée*.

201. La Goulue en dompteuse. Très belle épreuve.

202. Hors la loi. Belle épreuve d'essai, sur japon.

203. Le Marchand de Marrons. Très belle épreuve sur chine, *signée*.

N° 186 du Catalogue.

204. Margouin la Modiste. Très belle épreuve.

205. Petite Fille Anglaise (Miss Dolly). Très belle
épreuve.

206. Pois vert. Très belle épreuve *tirée en ton verdâtre*.

207. Poney. Très belle épreuve.

208. Pour une fois. Très belle épreuve, *signée* et *numérotée*.

209. Promenoir (Germinal). Très belle épreuve sur
japon, *timbrée*.

210. Les Pudeurs de M. Prudhomme. Très belle épreuve,
timbrée et *numérotée*.

211. La Terreur de Grenelle. Deux très belles épreuves
d'état. différent.

212. Une Redoute au Moulin-Rouge. (Cortège de la
Goulue) Très belle épreuve, *timbrée*.

213. Une Répétition aux Folies-Bergère. Très belle
épreuve.

214. Les Vieux Messieurs. Deux très belles épreuves
sur japon, *d'état différent*.

215. Eros vanné. Deux très belles épreuves sur japon,
d'état différent.

216. Couvertures de l'Estampe originale. Deux pièces.
Très belles épreuves, *signées*.

9 782329 528656